世界大人物
真理之眼

钟绍 编写

中国少年儿童新闻出版总社
中国少年儿童出版社

北京

图书在版编目（CIP）数据

真理之眼 / 钟绍编写 . -- 北京：中国少年儿童出版社，2023.12（2024.7重印）

（百角文库 . 世界大人物）

ISBN 978-7-5148-8450-0

Ⅰ. ①真… Ⅱ. ①钟… Ⅲ. ①名人 - 列传 - 世界 - 少儿读物 Ⅳ. ① K811-49

中国国家版本馆 CIP 数据核字 (2024) 第 006244 号

ZHENLI ZHI YAN
（百角文库·世界大人物）

出版发行：中国少年儿童新闻出版总社　中国少年儿童出版社

执行出版人：马兴民

丛书策划：马兴民　缪　惟	美术编辑：徐经纬
丛书统筹：何强伟　李　橦	装帧设计：徐经纬
责任编辑：徐　伟	标识设计：曹　凝
执行编辑：万书源	封 面 图：宣　懿
责任校对：刘　颖	责任印务：厉　静
社　　址：北京市朝阳区建国门外大街丙12号	邮政编码：100022
编辑部：010-57526879	总编室：010-57526070
发行部：010-57526568	官方网址：www.ccppg.cn
印刷：河北宝昌佳彩印刷有限公司	
开本：787mm×1130mm　1/32	印张：3
版次：2024年1月第1版	印次：2024年7月第2次印刷
字数：30千字	印数：5001-11000册
ISBN 978-7-5148-8450-0	定价：12.00元
图书出版质量投诉电话：010-57526069	电子邮箱：cbzlts@ccppg.com.cn

序

　　提供高品质的读物，服务中国少年儿童健康成长，始终是中国少年儿童出版社牢牢坚守的初心使命。当前，少年儿童的阅读环境和条件发生了重大变化。新中国成立以来，很长一个时期所存在的少年儿童"没书看""有钱买不到书"的矛盾已经彻底解决，作为出版的重要细分领域，少儿出版的种类、数量、质量得到了极大提升，每年以万计数的出版物令人目不暇接。中少人一直在思考，如何帮助少年儿童解决有限课外阅读时间里的选择烦恼？能否打造出一套对少年儿童健康成长具有基础性价值的书系？基于此，"百角文库"应运而生。

　　多角度，是"百角文库"的基本定位。习近平总书记在北京育英学校考察时指出，教育的根本任务是立德树人，培养德智体美劳全面发展的社会主义建设者和接班人，并强调，学生的理想信念、道德品质、知识智力、身体和心理素质等各方面的培养缺一不可。这套丛书从100种起步，涵盖文学、科普、历史、人文等内容，涉及少年儿童健康成长的全部关键领域。面向未来，这个书系还是开放的，将根据读者需求不断丰富完善内容结构。在文本的选择上，我们充分挖掘社内"沉睡的""高品质的""经过读者检验的"出版资源，保证权威性、准确性，力争高水平的出版呈现。

通识读本，是"百角文库"的主打方向。相对前沿领域，一些应知应会知识，以及建立在这个基础上的基本素养，在少年儿童成长的过程中仍然具有不可或缺的价值。这套丛书根据少年儿童的阅读习惯、认知特点、接受方式等，通俗化地讲述相关知识，不以培养"小专家""小行家"为出版追求，而是把激发少年儿童的兴趣、养成正确的思考方法作为重要目标。《畅游数学花园》《有趣的动物语言》《好大的地球》《看得懂的宇宙》……从这些图书的名字中，我们可以直接感受到这套丛书的表达主旨。我想，无论是做人、做事、做学问，这套书都会为少年儿童的成长打下坚实的底色。

中少人还有一个梦——让中国大地上每个少年儿童都能读得上、读得起优质的图书。所以，在当前激烈的市场环境下，我们依然坚持低价位。

衷心祝愿"百角文库"得到少年儿童的喜爱，成为案头必备书，也热切期盼将来会有越来越多的人说"我是读着'百角文库'长大的"。

是为序。

马兴民

2023 年 12 月

目　录

1　哥白尼

22　伽利略

40　牛顿

54　达尔文

71　居里夫人

哥白尼

（1473—1543）

去伪存真，就能拨云见"日"

尼古拉·哥白尼，波兰天文学家。著有天文学巨作《天体运行论》。在当时，关于太阳和行星绕地球转的"地心说"已经统治西方国家达一千多年，而哥白尼创立的关于地球和行星绕太阳转的"日心说"，可谓是拨云见日。日心说打击了欧洲封建神学，推动了现代天文学的发展。然而，这样重要的学说在推广时却经历了千难万险。现在，让我们走近这位伟大科学家。

究竟谁错了？

哥白尼生活的时代，科学很落后。在他的国家波兰，绝大多数人信奉天主教，相信"天主"是宇宙的主宰。据说天主住在高高的九重天上，创造了人和万物。是天主叫大地不动，白天挂上太阳照亮人类，夜晚挂上月亮给人类催眠。日月星辰都围绕地球转。星星是地上人的命星，能预兆人间的祸福。

所以，人们都非常注意观察太阳、月亮、星星的变化。要是夜晚天空出现流星、发生月食，白天发生日食，占星术家（靠观察星象、讲迷信、预测人间吉凶祸福的人）和教士们就会编造出许多谎话来吓唬人，好乘机骗取别人的钱物。

在哥白尼10岁时，他的家乡托伦城发生了一场可怕的瘟疫。染上这种病的人，极少能活下来。当时全城的人整天都忙着往郊外拉运尸体。哥白尼的父亲也被传染上了这种病。碰巧，这时又发生了月食。

教士对哥白尼的母亲说："夫人，请原谅。恕我直言，看来病人的罪孽太重，天主不肯饶恕他，要把他的灵魂带回天堂去审判。"他接着接过母亲的钱离开了。

眼前发生的一切，哥白尼看得清清楚楚。晚上，他独自一人悄悄爬上阁楼，久久凝视着繁星密布的夜空。他的脑海里浮现了许多问题：

"天空高深莫测，茫茫无际，天主怎么能住上去呢？他又怎么能管到人间的事呢？"

"我有三件法宝"

哥白尼的父亲死后半年,母亲也病逝了,当牧师的舅舅收养了他。在舅舅的关怀下,哥白尼上了中学,考上了波兰最高学府克拉科夫大学。

这所大学历史悠久,闻名欧洲,有丰富的藏书,一流的教授,十几个专业。哥白尼最喜爱的是数学和天文学。

天文学老师是波兰首屈一指的天文学家沃依切赫教授。哥白尼跟他学到了许多天文学知识。可时间一长,他就不满足老师在课堂上讲的内容了。他觉得老师没有把心底的话全讲出来,所以想单独请教老师。

"为什么后人死抱着托勒密(公元 2 世纪

希腊天文学家。他认为太阳和行星都绕着地球转）的学说不放呢？"

"很简单，托勒密的学说符合《圣经》上的意思。"老师平静地说。

"可也得相信科学呀！"哥白尼说。

"当然！"老师站起来，严肃地说，"年轻人，要记住——在你没有把握之前，是不能轻易否定托勒密的学说的。"

"那又怎么样呢？"哥白尼问。

"你知道，《圣经》上写着：天主是宇宙的主宰，他创造了世上的一切。是他叫大地不动，叫太阳、行星围绕地球转。如果说地球是运动的，还在围绕太阳旋转，岂不是说《圣经》上的话是假的，上帝的话不灵了嘛？"

"对，对！"哥白尼连连点头。

"教会又宣称：教皇是天主派往人间的使

者，他的每句话都是在传达天主的旨意。既然《圣经》和天主都值得怀疑，那么，教皇和教会的话还能相信吗？他们还能存在下去吗？否定托勒密的学说，是要遭杀身之祸的！"老师告诫道，"探索宇宙奥秘，不仅要有勇气，还要有扎实的科学知识。我在这两方面都不够啊！但愿你们年轻人不要像我这个老头子一样。"

"我手中有三件法宝：一是数学，二是观测，再就是不怕冒风险。"哥白尼坚定地说。

"数学、观测、不怕冒风险。好，好！这正是我所希望的。"老师一边欣喜地点着头，一边紧紧地拥抱着哥白尼。

向托勒密的学说挑战

哥白尼在克拉科夫大学还没毕业,舅舅就送他去意大利的波伦亚大学攻读教会法。虽然他对这个专业不感兴趣,但还是去了。

波伦亚大学也是一所名牌大学。哥白尼在这里一边学习法学,一边继续钻研天文学。他读了大量的书籍,访问了许多天文学专家。还经常去城里的天文台观测天象。没过多久,他就写出了一份研究报告。没想到,他的报告很快引起很大反响。罗马大学请他去作报告。

这天上午,报告大厅里座无虚席。有著名的老学者,也有初出茅庐的青年人。有些人找不着座位,便挤在走廊上,趴在外面的窗户上。大家都怀着焦急、好奇的心情,等待着哥白尼的到来。

"尊敬的先生们,亲爱的朋友们,几年来,我通过对太阳、行星、月亮的观测,计算和研究,可以认为,人们一千多年来所信奉的托勒密的学说,是有错误的。比方他说,月亮在上弦月和下弦月时就变小,满月时就变大,这显然是不正确的。因为无论是上弦月还是下弦月,不过是月亮的另一部分被地球挡住了而已,它的体积并没有发生什么变化。"

"请问,托勒密的'地心说'究竟有没有错呢?"一个青年学生忍不住嚷道。

"请你先回答我一个问题:太阳和地球,哪个体积大?大多少?"哥白尼反问道。

"听说太阳的体积大!究竟大多少,没有算过。"

"我来告诉你,太阳比地球大130万倍,

而且与地球相距1亿多公里。你说,小小的地球能带动太阳旋转吗?"刚回答完这个问题,哥白尼就走下了讲台。

教授站起来,和哥白尼耳语了几句,又点点头,然后高声说:

"朋友们,尊贵的哥白尼先生的每句话,都是有根据的。关于太阳是宇宙中心的新学说,他今天一个字也没说。他需要更充分的证据,这是一种严肃的科学态度。不过,如果诸位用心听了他的演讲,是不难从中找到答案的。"

教授的话音刚落,全场响起了热烈的掌声。大家都佩服哥白尼一丝不苟的科学态度。

鄙视愚昧的人

哥白尼在波伦亚大学毕业后,又在意大利的另外两所大学攻读医学和经济学。1505年春天,他回到了祖国。后来在弗龙堡担任教士。这个职位为他继续从事天文学研究,提供了物质上的保证。教堂的工作比较清闲,哥白尼就把教堂围墙角上的一座箭楼当作宿舍,在屋外设置了小型天文台,用自制的仪器观测天象。不管刮风下雨,生活多么清苦,他都坚持观测。这为他的科学研究积累了大量资料。

他根据记录的大量观测数据和搜集到的第一手资料,写了一篇《浅说关于天体运动的假设》的文章(简称《浅说》)。文章的大意是:地球不是宇宙中心,只是月球运行轨道的中心。所有的天体都围绕太阳转。因此，太阳位于宇宙中心附近。地球与太阳相比，非常渺小，而且相距遥远，所以，太阳的变化是很难被发现的。人们看到太阳和其他行星在运转，实际上是人的眼睛产生的一种错觉。

文章还讲到了金星、水星、地球、火星、木星、土星绕太阳转一圈，需要多长时间，它们自转一周要多长时间。又讲了弄清这些问题对改革历法、认识宇宙奥秘的重要意义。

文章发表后在欧洲各国引起了轰动。有赞成的、怀疑的，也有反对和攻击的。反应最强烈的，要数哥白尼的母校克拉科夫大学。学校的一些天文学教授和天文学爱好者，聚在一起专门召开了讨论会，特地邀请哥白尼去参加。

会上，一位年轻的教授首先发言：

"我真想不通，哥白尼先生硬说地球不是

宇宙中心，这有什么好处呢？要是这样，天和地还有什么界线呢？人在宇宙间该变得多么渺小、可怜啊！人类还有什么尊严！天主还能管得着人世间的事吗？"

"你这是纯粹从道义方面考虑的，而不是从科学上看问题。"哥白尼的老同学马尔卿教授反驳道。

梅霍夫教授接着说：

"要是地球不断地自转，而且转得飞快，那地球上的东西还不转飞了哇！地球自身也得转碎了呀？"

哥白尼没有立即回答，而是先找来一个小圆球，在上面插上几个小木片再用绳子系紧。然后使劲地甩动圆球，说：

"看见了吧，圆球没有碎，小木片也没有飞走。这说明，当物体在飞快转动时，只要碰不到外界东西的撞击，它就不会碎，上面的东西也不会飞走。"

"既然地球是围绕太阳转，为什么太阳和月亮总是东出西落呢？"

"这是因为人眼睛的错觉，也是地球由东向西自转的缘故，诸位先生都坐过马车和船吧？当车和船向前行驶时，我们所看到的树木、村庄或河岸却是在向后移动。而实际上，树木、村庄和河岸仍然在原位。"

"你说地球在飞快地运转，如果人要腾空跳起，那不是要被地球抛到后面，滚到不知什么地方去了吗？"青年教授张着嘴，不解地问。

"假如有机会坐船的话，你不妨在船上跳几下。要是没有被抛到海里，就说明，你是在随着船一同前进的。当然你可别站在船的边沿上往海里跳。"哥白尼严肃地说，"地球上的万物，包括空气、水、飞鸟，都是随着地球一起运转的。请放心吧！它们永远也不会脱离地球！"

"好啦！问题到这里已经清楚了。如果再不明白的话，说明我们对天文学的研究和哥白尼先生相比，太肤浅了。"梅霍夫教授站起来，转身对哥白尼说，"我担心您的新学说恰恰和托勒密的学说是针锋相对的。教会能放过您吗？"

哥白尼不屑一顾地说：

"对此，我早有准备。一种新学说的创立，总会有人反对的。我的'太阳中心说'如果有人嘲笑、攻击，我决不予以理睬。因为我向来鄙视愚昧和无知！"

找上门来的学生

果然,《浅说》一发表,就受到了教会的百般攻击和嘲笑。尤其是路德派新教徒,攻击得最厉害。他们到处散布说:

"有个名叫哥白尼的蠢人想证明:不是太阳或者星星和月亮在动,而是地球在动,在转圈子。如今的事情就是这样,谁想当聪明人,谁就得搞出点儿新名堂。可是《圣经》上说,是上帝命令太阳停止不动,而不是地球。"

有个教徒还打扮成哥白尼的模样儿,在化装舞会上声嘶力竭地狂叫着:"我定住了太阳,转动了地球。"这个"小丑"的表演,引起了在场人的阵阵哄笑。

天主教会也不放过哥白尼。哥白尼所在教

区的主教，平白无故地给精心照顾哥白尼的女用人安娜扣上邪教徒的罪名，把她赶走，又派了一个粗鲁的女用人，暗中监视哥白尼的一举一动。

哥白尼毫不屈服。他把几十年来的研究成果写成一本书，取名叫《运行》。书写成了，却没有办法出版。当时的出版商，谁也不敢出这种书。为这件事，哥白尼整天愁得吃不下饭，睡不好觉。

有一天，一位二十五六岁的青年人，来找哥白尼，自我介绍说：

"我叫雷蒂克，是德国威丁堡大学的数学和天文学教授。我是特地来拜您为师的。读了您的《浅说》，我觉得自己的天文学知识至今还没有跳出托勒密'地球中心说'的框框。我想跟您从头学起。"

"你想过没有？"哥白尼试探地问，"我的'太阳中心说'发表以后，已经招惹了许多麻烦，教会的一些人把我看成异教徒。我的很多朋友因此一个个离我而去，可你为什么偏偏要找上门来呢？"

"为了追求真理和科学，我必须做出这一选择。"雷蒂克诚恳地说。

"话是这么说，"哥白尼劝说道，"我已老了，没有什么可顾虑的了，可你还很年轻，应该为今后的前途着想啊！"

"我早已想好了。"雷蒂克坚定地说，"回击那些反对您的人，最好的办法就是让他们明白：您不是在孤军奋战，您会受到越来越多的人的尊重，您的学说将一代一代地继承和发展下去！"

雷蒂克的一番肺腑之言，深深打动了哥白

尼。他仿佛觉得连日来的忧愁、孤独、烦闷，一下子烟消云散了。他从雷蒂克身上看到了希望，看到了"太阳中心说"的强大生命力。

迟到的荣誉

哥白尼和雷蒂克之间的友谊日益加深。他把《运行》一书的手稿交给了雷蒂克，以十分信赖的口吻说：

"这是我用几十年来的心血写成的书，也是我在离开人世之前，为人类作出的最后一点儿贡献。书早就写好了，因为怕落到那些反对我的人手里，迟迟不敢拿出去出版。最近，我又翻阅了书的原稿，发现有不少地方需要修改、补充。我越来越觉得精力不够用，眼睛不好使。要完成书稿的修订和出版工作，恐怕很难了。

我想请你来帮我完成这项工作。"

"老师，请放心，这是件大事，我一定竭尽全力！"

师生俩日夜不停地工作着。哥白尼字斟句酌地修改书中不恰当的地方。雷蒂克帮助他查找资料，提供各种参考书的摘要，核对数据，誊清原稿。书稿终于修改完了。接下来要找出版商，把书印出来。找谁好呢？雷蒂克想了一会儿，说：

"印书的人不仅要有勇气，还要有技术。书里的希腊文、拉丁文、三角、几何、天文学什么的，他都得懂点儿。在纽伦堡我倒是有许多朋友，找他们帮忙，准能把书印出来。"

雷蒂克日夜兼程，赶到了纽伦堡。他找了好几家出版商，都碰了壁。最后，找到了奥塞安德尔，他答应把书印出来。不幸的是，书稿

送出后不久,哥白尼就病倒了。他躺在床上,时而清醒,时而昏迷,常常突然叫来仆人雪布尔斯基:

"快!快下楼去看看,有人在敲门!快把《运行》拿过来,让我看看!"

可是,楼下既无人敲门,也没有人来送书。1543年5月24日下午,楼下忽然传来了阵阵铃声。雪布尔斯基飞奔下楼,从邮差手里接过刚印好的新书——《天体运行论》。可是当他把书拿到病房时,哥白尼已经紧闭双眼,与世长辞了。(也有的记载说,哥白尼只是摸了一下书的封皮,就去世了。)

那个出版商把他的书名《运行》改为《天体运行论》,而且进行了多处删改(后来波兰人找到这本书的原稿,重新校对、出版)。即使这样,《天体运行论》出版发行后,教会仍然把这本书列为禁书，或者封存，或者烧毁。凡是宣传哥白尼学说的人，都要受到严厉惩罚。意大利的青年天文学家布鲁诺因为宣传哥白尼的学说，竟被罗马教会活活烧死了。

但是，乌云挡不住太阳的光辉。许多天文学家还是冒着坐牢、杀头的危险，宣传、研究哥白尼的学说。1822年，在事实面前，罗马教皇不得不颁布教令：

"那些讨论地球运转和太阳静止不动的著作，根据目前天文学家们的一致意见，准予印刷。"

尽管哥白尼的"太阳中心说"，现在看来也不完全正确，然而在他生活的那个时代，敢于提出这一学说，这在世界天文学史上已是开天辟地的大事了。哥白尼被世界公认为最伟大的天文学家之一，是当之无愧的。

伽利略

(1564—1642)

特殊的勇敢,铸就伟大科学家

伽利略·伽利雷,意大利物理学家和天文学家,近代实验科学的奠基人之一。1590年在比萨斜塔上著名的"自由落体实验"、第一架天文望远镜都是出自伽利略之手。伽利略证明了哥白尼的"太阳中心说",但是触动了罗马教廷的利益。即使面对罗马宗教裁判所的迫害、监禁,他仍为捍卫真理进行了不屈的斗争。

一个"狂妄"的学生

伽利略生活的时代,欧洲正发生着深刻的变化,新思想、新科学层出不穷,但是宗教势力对新思想、新科学的压制和反扑也非常凶猛。

伽利略出生在意大利北部的比萨,父亲是个喜欢数学的音乐家。绝顶聪明的伽利略在比萨度过了他的童年和少年,他像父亲一样喜爱音乐、绘画,特别爱做各种机械玩具。

伽利略12岁那年,和家人一道迁到佛罗伦萨,他在那里继续读书,打下了古典文学的基础。这时,父亲和老师发生了意见分歧,老师想把伽利略培养成为神职人员,父亲却一心想让儿子成为一名医生。然而,他们的愿望都落空了,伽利略虽然在17岁时进入比萨大学学医，但后来并没有从事医生这个职业。

在大学学习期间，伽利略干了一件让老师和同学都感到震惊的事。在一堂物理课后，伽利略向教授提了一连串的问题，向大名鼎鼎的亚里士多德的权威著作发出了疑问。

"天哪！"教授惊讶地叫出声来，"你难道不知道吗？我们所学的知识都是从他那里来的啊！"

"当然知道，亚里士多德不但是古希腊最有名的大学者，而且一向被人们称作'众人之师'，受到神一样的尊崇。可是，难道对他的观点就不能有疑问吗？"伽利略平静地反驳。

"你太狂妄了！"教授气得涨红了脸，"告诉你，亚里士多德是不容怀疑的，你必须全心全意地信奉他。"

"可是，如果我们只需要信奉一个人就够

了,那还要我们这颗头干什么?"伽利略不服,仍坚持自己的看法。

伽利略又用形象的比喻为自己辩护道:

"您的道理在森林里、在陌生地区,可能是适用的,因为这时我们需要向导,但是在开阔的平原就显然不适用了,因为这时只有瞎子才需要向导,任何有眼睛、有头脑的人,自己就可以当自己的向导。"

一席话,说得教授哑口无言。这件事,轰动了比萨大学,显示出伽利略在青年时代,就是一个善于独立思考、敢于坚持真理的人。

"伽利略钟"

直到今天,一些老式的有摆时钟,因它古朴、典雅的造型而受到人们的喜爱。这种有摆时钟的发明者就是伽利略，时钟也因此被称作"伽利略钟"。

伽利略18岁那年，有一天，他到比萨大教堂去做礼拜，一抬头，看到教堂里悬挂的长明灯，被风吹得左右摇摆。他觉得很有趣，就仔细观察起来，他边看边动脑筋思考，发现长明灯的摆动是有规律的。

于是，伽利略忘了做祷告，用手按住自己的脉搏，默默地计算起每次摆动需要的时间，摆到左边是一次、两次、三次……摆到右边还是一次、两次、三次……"噢！"他知道了，原来每次摆动的往来时间是相等的。

这样，伽利略就在无意中完成了他的第一项发明，叫作"摆的等时性定律"。接着，他就根据这个"等时性"原理，构想出一座时钟的模型，还画好了时钟的图样，写好了制作报告。但是，没容他把时钟造出来，他又有了新的发现，注意力又转移到别的事情上去了。

直到伽利略去世以后，荷兰物理学家惠更斯才根据他的图样和报告，制造出世界上第一座有摆时钟。不过，伽利略却运用自己发现的原理，发明了最初的脉搏计，用它来准确地测量病人的脉搏情况。

学生时代的伽利略已经是一位了不起的发明家了。

轰动比萨的实验

亚里士多德有一条有名的定律："落体的速度和落体的重量成正比。"就是说，一个物体越重，它下落的速度也越快。千百年来，没有任何人对这个定律产生过怀疑。

1590年,26岁的伽利略发表了《论重力》的长篇论文,提出了和亚里士多德完全不同的看法,他认为物体不分轻重大小,在自由下落时,如果排除了空气阻力的影响,下落的速度是一样的。他把这个定律称为"自由落体定律"。

论文一发表,伽利略马上遭到了比萨大学大多数教授的围攻,学生们虽然乐于接受新事物,但也没法接受伽利略的观点。为了证明"自由落体定律"是正确的,伽利略决心要做一个实验。

这天,比萨大教堂的钟楼前聚集了很多人,他们是伽利略请来的教授和学生,这座钟楼是一座58米高的斜塔,又叫比萨斜塔。

实验开始前,伽利略走出人群,向三个给他当助手的大学生高声问道:

"都准备好了吗?"

"是的，都准备好了！"学生们齐声回答。

接着，伽利略转身向着人群说："请大家注意那位学生手里的石头。"他指着一个胖胖的学生，"他左手拿的石头只有拳头大，可他右手抱的石头却跟一个人的脑袋差不多大，那块大石头的重量大约是小石头的10倍，请问，如果让这两块石头同时从钟楼上落下来，哪一块石头先着地呢？"

"当然是大石头先着地啦！"大家异口同声地叫起来。

伽利略不再说什么，他示意那个胖学生到塔顶上去。过了一会儿，他见胖学生已经到位，就举起右手发出信号，两块石头同时从塔顶上落下，并且同时落在地面上。

人群中响起一阵掌声，有人为伽利略的成功欢呼，但更多的人却大声嚷嚷：

"不对，这两块石头的重量差别太小了，看不出哪块落下得更快。"

伽利略对这种反对意见早有预料，立即向第二个学生做手势，两块重量相差约十倍的石头同时落下，结果还是同时落地。

一些顽固的教授仍不承认这个事实。

伽利略于是又做了第三次实验。

这次第三个学生在塔顶上先扔下一块很小的石子，同时伽利略在塔底拿出一个摆锤，让它摆动，到小石子落地，共摆动了三次，再扔下一块很大的石头，摆锤还是摆动了三次。

三次实验的结果完全相同，连最顽固的教授也无话可说了。伽利略用实验证明了自己是正确的，而亚里士多德是错误的。

这个轰动比萨的实验使伽利略名声远扬，但也给他带来了不小的麻烦，那些反对他的教授拼命排挤他，他被迫离开了比萨大学。然而，伽利略为科学献身的理想是任何人也不能改变的。

第一架"天文望远镜"

从1592年到1610年，伽利略在威尼斯的帕多瓦大学共任教18个年头，这是他取得科学研究成果最多的时期，其中最重要的发明是制成了世界上第一架望远镜。

这件事得从1608年夏天说起，当时有个荷兰眼镜匠，把两块镜片配在一起，制成了一副"怪眼镜"，能放大远距离的物体。

第二年，伽利略听到这个消息后，就用一块凸镜做物镜，再用一块凹镜做目镜，制成了一架能放大3倍的望远镜。不久，他又把放大倍数提高到30倍,并携带这架望远镜登上威尼斯圣·马可教堂的钟楼,观看陆地和海洋。事后,伽利略宣告他制成了一种军事仪器,可以"比敌人早两小时知道敌情"。

但是,伽利略并不满足,他经过不断改进,最后制成了一架口径5厘米,长120厘米,可以把物体放大32倍的"天文望远镜",把观察的目标从陆地海洋移向了日月星辰,于是,人类发现新的天文现象,揭示宇宙奥秘的时刻到来了。

伽利略通过望远镜看到,月亮有像地球一样的山谷,木星有4个卫星(实际上有14个),土星有美丽的光环,太阳上有黑子……他还发现银河是由数不清的单个恒星组成的。

这些发现,证明亚里士多德关于"天体是完美无缺"的观点是错误的。1610年,伽利略

《星球的使者》一书出版了，他在书中向全世界介绍了他的新发现。一些赞成他的观点的人惊呼：

"了不起啊！哥伦布发现了新大陆，伽利略发现了新宇宙。"

而死抱着亚里士多德的教条不放的人，却攻击伽利略的观察是"光学"骗局，说他的"两块破镜片"根本靠不住。

科学家的胸襟是博大的，伽利略并不理会人们是赞扬还是咒骂。他以事实为根据，得出了地球转动的结论，从而接受了伟大天文学家哥白尼的"日心说"，成为长期占统治地位的托勒密"地心说"的掘墓人。

"地球仍然在转动"

伽利略虽然得出了地球转动的结论,但由于"地心说"是《圣经》和天主教义的"护身符",受到罗马教廷的特别庇护,所以,他没有马上公布自己的观点。直到1613年,他才发表了《论太阳黑子》的信札,明确写道:

"一切都不是静止的,太阳在旋转,地球也在旋转。地球不仅绕着太阳旋转,而且还在绕自己的轴线自转。"

这个观点一发表,顿时激怒了罗马教皇保罗五世,他恨恨地想道:

好个伽利略,那个鼓吹哥白尼"日心说"的布鲁诺已经被烧死了,又冒出一个伽利略来,这不等于让哥白尼的学说死灰复燃吗?

于是,一道通告公布了,严禁任何人谈论哥白尼的"异端邪说",不然就要受到宗教裁判所的严厉惩罚。

紧接着,宗教裁判所便传讯了伽利略,红衣主教在法庭上威胁伽利略说:

"今后你如果再相信、讲授和维护地动学说,被烧死的布鲁诺就是你的下场!"

伽利略为了能够继续他的天文学研究,表面上表示服从,在《否认书》上签了字,但实际上并不屈服,一离开宗教裁判所,他就在暗地里拿起他的望远镜,不知疲倦地观察起天体运动来。

几年后,教皇保罗五世死了。伽利略对新教皇抱着一线希望,以为他会以宽容的态度对待科学,结果还是落了空。于是,伽利略把自己关在屋子里,将多年的心血写成了一部书,这就是他生平最伟大的著作《对话》，它的全名叫《关于两大世界体系的对话》，又叫《关于托勒密和哥白尼两大世界体系的对话》。

《对话》经过多次周折之后，终于在1632年问世。这时，伽利略已经是68岁的老人了。《对话》不但坚持了地球在运动的观点，还补充了哥白尼的学说，宣告了托勒密"地心说"的彻底破产，从根本上动摇了教会的最高权威。

对伽利略的迫害随即开始了。曾经是伽利略"好朋友"的新教皇，竟然不顾伽利略身患重病，冷酷地下了一道命令："把他抓起来，锁上铁链，押到罗马！"

1633年4月，伽利略在宗教裁判所接受审判，他坚持自己的观点，不低头认罪，使审判持续了几个月。

恼羞成怒的法官采用"不准睡眠"的疲劳

"战术"来折磨伽利略,连续50多小时的审讯过后,这位重病在身的年近古稀的老人已经奄奄一息了。

在死去活来的折磨下,伽利略被迫在事先准备好的《悔过书》上签了字。但是,当他签完字,颤颤巍巍地从跪着的地方站起来时,却喃喃地说道:

"无论如何,地球仍然在转动!"

是的,只要是真理,不管你怎样仇恨,它都是无法改变的。

"需要特殊的勇敢!"

伽利略被宗教裁判所整整囚禁了9年。先是软禁在罗马,后来允许他隐居在佛罗伦萨。

他晚年的生活本来已经非常悲惨,但更不

幸的是，唯一照顾他的女儿竟然在他之前去世了。思念爱女的过度悲伤，使他双眼失明了。

但是，贫病交加、无依无靠的困境，以及失去爱女、双目失明的打击，都不能摧垮伽利略。他不能用笔写了，就用嘴说，把自己的科学见解讲出来，一位给伽利略当助手的学生记下了这些见解，整理成《对话》的附篇。

一次，伽利略向这位学生提出一个问题：

"请问，追求科学最需要具备的条件是什么呢？"

"智慧。"学生答道。

"不。"伽利略摇摇头。

"那么是毅力、是恒心。"学生又答。

"不。不过，也许你说的都对，可是……"伽利略连连摇头。

"可是什么？"学生关切地问。

"请记住,追求科学需要特殊的勇敢!"

在那个时代,伽利略的话不仅是他的切身感受,更是至理名言。

伽利略逝世后300多年,在1979年召开的世界主教会议上,罗马教皇提出要重新审理"伽利略案件",正式推翻了当年罗马宗教裁判所对伽利略的无理判决,为这位伟大的科学家恢复了名誉。

其实,这只不过是一种形式,科学的发展,早已为伽利略树立了一座巨人的丰碑。

牛顿

（1643—1727）

站在巨人的肩膀上，成为巨人

艾萨克·牛顿，英国科学家，近代科学的奠基者之一。在天文学、光学、力学、热学、数学许多领域，都有牛顿伟大的科学发现。他的《自然哲学的数学原理》巨著，是近代科学开始形成的标志。书中提出的万有引力定律等理论，统一了地面上物体运动的规律和天体运动的规律，在物理学和天文学方面都有深远影响。

小发明家

牛顿出生于1643年的一个冬天。他家是林肯郡的农民,生活很贫苦。父亲在他出生前两个月,因患肺炎去世了。他的名字和父亲的一样,就是为了纪念父亲起的。他母亲在他两岁时,改嫁他人。牛顿从小就跟着外祖母生活。大概是因为缺少父母的关怀照顾,他小时候,性情很孤僻,不喜欢和别人来往。

可老师和同学都没注意到,牛顿有他的兴趣和爱好。他从小喜欢摆弄小物件,会制造各种小玩具。放学回家之后,他就拿起锤子、锯什么的干起来。有一次,外祖母给他买了一套木工工具,他高兴极了,很快做了一辆四轮车,又做了一个小水车。他还依照日影的位置,做成了石质的日晷。牛顿12岁那年,到格兰萨的皇家中学读书之后,还做过水漏时钟、风车等物件。他成了当地有名的小发明家。

上大学

1661年,他考入了剑桥大学的三一学院。在几年的大学生活里,他学习十分刻苦。而当时,欧洲文艺复兴运动已经在全欧洲兴起并深入人心,许多科学发现引起了人们的重视,哥白尼、布鲁诺、开普勒、伽利略、笛卡尔等人的自然理论被广泛传播。牛顿从老师那里学到这些先进知识,心情十分激动,他决心为科学的发展献出毕生精力。由于他学习成绩优良,1665年毕业后被留在学校研究室。

据说有一天,他坐在苹果树下乘凉,一阵风把一个苹果吹落下来,掉在他身边。他捡起了苹果,不觉陷入沉思:为什么苹果会掉在地上,而天上的月亮不掉下来?再有,为什么把石头用布包起来再甩出去,就会抛得很远?还有,从望远镜中看到的天体,它们之间的关系是什么?各种颜色是怎样形成的?

这些不解的问题,促使他动开了脑筋。他决定要用学到的知识去分析解决生活中的难题。两年之后,在巴罗教授指导下,牛顿建立了一个实验室,开始专心研究起来。

光的问题研究

牛顿对天文学最有兴趣,就先从观测天体上下功夫。要准确地观测天体,就必须有高质量的望远镜。世界上第一台望远镜是荷兰人利板瑟制造的,后来伽利略制出了放大32倍的望远镜,观测天体时就方便多了。可牛顿仍不满足,他决心制出更大倍数的望远镜。

可当他做出大倍数的镜片后,用来一看,物像非常模糊。这是什么原因?他想到太阳光中各种不同颜色不是按相同角度折射的,所以反射出来的物像重叠在一起,就不清楚了。他根据这个道理,设计出一种新望远镜,它内部有平面镜,可以把不同颜色的光调节好,叫反射望远镜。这种望远镜可以放大40倍,而且物像清楚。牛顿用它对木星的四个卫星进行观测,效果很不错。

牛顿发明新望远镜的消息被皇家学会知道了,大家赞扬这个成就了不起。后来,他被推选为皇家学会会员。那年他才30岁。当时,他为了表示感谢，就把一篇论文提交了上去。这篇论文是研究光色的来源的，他认为光是与太阳相互作用而产生的速度很高的粒子流。文章发表后，立刻引起了一场争论。

原来，在牛顿之前，著名科学家胡克提出过光的"波动说"，认为光的振动频率不同决定光色不同。现在，牛顿提出了"粒子流"的学说，两派之间就辩论开了，文章一篇接一篇，一时难下结论。牛顿却对争论不耐烦了，他在一封信中说："（这些争论）使我精神上受到沉重打击，被弄得心烦意乱。我后悔不该发表那篇论文。"

看来，牛顿的性格偏于内向，宁肯独自研究，也不善于和人交往。这种性格曾使他的研究成果险些被埋没了。

科学巨著的发表

胡克也是一个很有成就的科学家。他在研究中,发现了有关引力的一些规律,却怎么也证明不了。他就写信给牛顿,问他在这方面有什么发现。牛顿的回信毫无见解,胡克看了,以为他是个糊涂人,就看不起他,还四处对人嘲讽牛顿。

可是另一位科学家哈雷不这么看,他不相信牛顿会糊涂,就去拜访牛顿。那天,他来到牛顿的工作室,牛顿没有发现,还在埋头工作。哈雷问道:"假定太阳的引力与被吸引物体的距离的平方成反比,那么行星的轨道呈什么形状呢?"

"呈椭圆形。"

"你怎么知道的?"

"我计算出来的。"

"啊!"哈雷吃了一惊。"为什么你不发表出来呢?"他问牛顿。

"我怕再引起无休止的争论。"牛顿说。

经过交谈,哈雷才知道牛顿早在两年前就解决了引力上的这个问题,可原来的手稿已经丢失了。

"你太不应该了,这可是个巨大的发现啊!"哈雷埋怨说。应哈雷的要求,牛顿在第二天又重新写出了计算稿,连同有关的材料交给了哈雷。哈雷看过之后,激动万分:"没想到我自己和别人研究多年没有解决的问题,牛顿已经解释得这么清楚。这样的成果不应被埋没呀!"

在哈雷的劝说下,牛顿才决定发表研究成

果。他先写了《关于运动》的论文,引起了巨大反响。哈雷让他再写全面些。他终于发表了划时代的作品《自然哲学的数学原理》。

为了这篇巨著得以发表,哈雷不辞辛苦,为不善交际的牛顿联系出版,还资助了全部费用。他这种助人为乐的精神,使牛顿十分感动。这部书出版之后,牛顿对哈雷说:"哈雷,为了这部书的出版,你费了不少心。没有你的努力,也许就没有这部书。"

伟大的发现

牛顿在他几十年的科学研究事业中,有过许多重大发现。总括起来,可以这样说,他在数学、天文学、物理学等各方面,有独特的发现,有着卓越的贡献。他在前人的研究基础上,建立了科学的体系。

比如在力学上，他提出了"三大运动定律"，就是惯性定律、力和运动的关系定律、作用和反作用定律。他把这三大定律应用到物体运动的研究中，取得了重大成果。这些成就，被誉为"经典力学"的基础。

万有引力定律，是牛顿的一个著名发现。他提出星体之间存在着相互吸引的力，解决了天体运行的潮汐、流体、弹性、地球形状等许多难题。这些理论作为科学的基础，至今仍被广泛应用。

牛顿在光学方面的发现，除了提出"粒子流"学说外，还发现白光是由不同颜色的光组成的。为光谱分析学打下了基础。他还在热学上有所突破，确定了冷却的定律。在数学方面，他是微积分的创始人之一。

人们知道牛顿有这么多科学发现之后,都十分惊讶,更十分佩服。有人问他:"你用什么方法完成这么多的发现呢?"

"没什么方法。"牛顿说,"我只是对一些问题考虑的时间很长,又十分热爱而已。"

他的那部《自然哲学的数学原理》发表后,有位哲学家觉得里面有些问题很难懂,就请牛顿开一份必读参考书目。牛顿开出之后,他看了不觉叹了口气:"唉,光看这些初步的书目,就得要去我半条老命!"这说明,牛顿在他的科研生涯中,是非常刻苦且博览群书的。他自己也这么说:"我之所以比别人看得远,是因为我站在巨人肩上的缘故。"

巨人的晚年

1703年，61岁的牛顿被推选为英国皇家学会会长。1705年，牛顿又获得了国王授予的"爵士"头衔。他成了最有威望的科学家。许多青年羡慕他，更敬佩他。他也尽力帮助青年人，并从中体会到了愉悦。

有一个青年数学家，因为宗教问题，离开英国到国外去了。他后来写了一篇论文，被牛顿看到了。牛顿觉得论文写得很有价值，就帮助他在英国发表了。听说这个青年生活困难，牛顿还寄钱给他，后来又四处活动，促使这个青年数学家回到了英国。

进入中晚年后，牛顿对神学的研究非常感兴趣。他写了《教会史》等著作，还发表了关于神学的论文。他甚至花费大量时间去研究《圣经》里故事发生的年代。为了保护自己不受教会的迫害，他还违心地在一封信中表示：自己对宇宙的研究，是要让人们相信上帝的存在。但是凡是读过他的书的人都会明白，牛顿心目中的"上帝"，正是大自然本身。

1727年3月，84岁的牛顿在出席皇家学会例会之后，得了病，在20日与世长辞。他留给人们一段著名的遗言："我不知道世上的人对我怎样评价。我却这样认为——我好像是海滨上玩耍的孩子，时而拾到几块莹洁的石子，时而拾到几片美丽的贝壳，并为之欢欣。那浩瀚的真理的海洋，就展现在我面前。"

牛顿在人类科学史上有着崇高的地位。恩格斯曾做出这样的评价："牛顿由于提出了万有引力定律而创立了科学的天文学，由于进行了光的分解而创立了科学的光学，由于创立了二项式定理和无限理论而创立了科学的数学，由于认识了力的本性而创立了科学的力学。"

达尔文

（1809—1882）

亲近大自然，获得灵感之源

查理·罗伯特·达尔文，英国生物学家，进化论的奠基者，人们公认的世界最伟大的科学家之一。他曾随远航船到南美洲、大洋洲、非洲等地进行考察，在进行了长期的研究后，他写出了家喻户晓的代表作《物种起源》。其中"进化论"的科学观点，摧毁了神造论以及物种不变论，彻底改变了人们对生物学的认识。

不爱"学习"的学生

达尔文是1809年2月12日出生的,家乡是英格兰什罗普郡的施鲁斯伯里镇。他的祖父和父亲都是很有名气的医生。他从小对采集动植物标本就有很浓厚的兴趣。在他的小小卧室里,总是摆满了各种花草、昆虫、贝壳的标本。

后来,他到一所私立小学学习。可成绩总是一般。因为这所学校里,主要是教古典文学,而达尔文偏偏不喜欢文学,所以学习很不认真。在课余时间,他和哥哥钻研化学,做各种试验,还照旧采集标本。老师发现后,气得给他起了个外号"瓦斯",校长也叫他是不务正业的"二流子"。

1825年,父亲送他到爱丁堡大学攻读医学,将来好继承家业。可偏偏他又不喜欢医学,所以成绩平平,而且他感到十分无聊。

后来,达尔文又到剑桥大学神学系学习,可他最大的兴趣仍在课外。他到处搜集标本,花钱雇一个工人到冬天的树林里去刮苔藓,去野外搜集草种。虽然也获得了神学的学士资格,可他的心早已飞到了大自然,飞向了远方。这个不爱"学习"的学生,有他自己独特的爱好和兴趣。

捉甲虫

在剑桥大学学习期间,有两本书对达尔文影响很大。一本是《南美洲旅行记》,一本是《自然科学入门》。他读了这两本书,对到南美洲这块陌生的地方去探险旅行产生了莫大的兴趣，对植物学和地质学更加喜爱了。神学的课他很少听，倒是经常去听生物学教授亨斯罗的植物课。他还把自己采集的标本送给亨斯罗教授。

一天，亨斯罗教授从书架上取出一本书，名为《昆虫图谱》，翻到其中一页，对达尔文说："你看，上次你送给我的那些甲虫标本，有一些是未发现的新种类，我送给斯蒂芬先生鉴定，他已经写到书里了。"

达尔文仔细一看，那上面果然有他采集的1种蛾子和12种甲虫的标本图样，旁边还注着"查理·达尔文先生采集"一行字。他激动极了，为自己能给科学事业贡献力量而自豪。后来，人们为纪念达尔文，就把这种甲虫取名"达尔文"。

踏上环球旅行之路

1831年，达尔文大学毕业了。当时，英国政府为了对外扩张的需要，要组织一支考察探险队，到南美洲去。亨斯罗教授得知这个消息，就推荐达尔文参加。达尔文非常兴奋，他多年的愿望终于实现了。

这年年底，达尔文以博物学家的身份乘坐"贝格尔"号海军勘探军舰，开始了远航。

"贝格尔"号穿过大西洋，首先到达南美洲的巴西，又向南到达南美洲的南端，再远航穿过太平洋，到大洋洲、非洲。每到一处，达尔文都兴致勃勃地登岸考察，做了详细的记录。他进入热带森林，观察各种野兽和植物；顶着烈日或冒着大雨，采集各种标本。

有一次，他考察海洋生物，发现形体奇妙的章鱼，在遇到敌人的时候，会放出茶色的液体，把海水搅浑，自己借机逃走。更有趣的是，它还会改变身体颜色，在深水区是茶紫色，在浅水区又变成黄绿色。达尔文经过研究，得出结论：章鱼的色素细胞和周围的肉纤维连在一起，受神经系统直接控制，所以能很快适应环境，呈现出不同的颜色。

在远航中，达尔文遇到了许多奇异现象。有一次，船在行驶中，被数不清的蝴蝶群围住，天空都被遮住了。还有一次，达尔文从高山上下来，看到远处田野上有一片红茶色的"云团"，感到十分奇怪，等走近了才发现那是一群蝗虫。等蝗虫散去的时候，田地成了一片荒野。达尔文还看到了能吃蜘蛛的黄蜂和能吃黄蜂的蜘蛛；还有许多从未见过的植物和化石。

这些发现,使他陷入了沉思:他从前辈那里听说,世界万物包括动植物,都是上帝也就是神创造的。物种是始终不会变的,总是那个样子。可他在旅行中见到的各种现象证明,生物是在变化之中的,气候、环境和生存条件不同,它们的习性也不同。比如南美洲从北到南,同一类生物的形态外貌就很不相同,大陆与海岛上的也不同。有些古动物的化石,带着现存的各种动物的特征。他由此对"神创论"产生了怀疑:"这样的事实,只能证明,物种是会变化的。"

带着这个问题,达尔文结束了远航考察,在1836年9月回到英国。他此行历时5年,经受了种种艰难和危险,吃了许多苦。但他十分高兴,因为他获得了重要的发现。他后来说:"'贝格尔'舰的航行,是我一生中极其重要的一件事,它影响了我的整个事业。"

写作《物种起源》

远航归来后,达尔文把5年中写的日记进行整理,写了《一个自然科学家在贝格尔舰上的环球航行记》和《贝格尔舰航行中的动物发现》两本书,将自己的所见所闻公布于世。他还带回来许多动植物标本,经过仔细研究,他更加坚定了自己的见解,物种是不断变化发展的。为了把这一思想告诉人们,他决定写一部研究物种起源和演变的专著。

为了写好这本书,达尔文一方面整理材料,列提纲,记笔记;一方面向有经验的人请教,并亲自进行试验。他与育种和园艺的专家们一起探讨,了解人工栽培时如何进行品种的选择,还印发许多调查表发给各地,搜集材料。为了有一个良好的环境,达尔文还搬到乡村去住,建立了试验园地,把野生的和驯化的植物品种进行比较分析。他还考察了玉米、小麦等农作物的生长培育过程,进行家鸽的培育杂交试验。他发现,经过人工的选择和培育,动物、植物都会产生变化,产生不同于以前的新品种,而不同特征的品种,也可能是从同一祖先演变而来。

在研究中,达尔文还想到这样一个问题:动植物繁殖是很快的,如果后代越来越多,地球的空间将容纳不了。可这种情况并没有发生。原因是什么呢?是环境。环境并不能使每种动植物都自由自在地生长,只有那些能适应环境的才能生存、保留下来,而那些不能适应的,将被淘汰而灭亡。这实际就是一种竞争,在这场竞争中，适者生存。

为了证实这个想法，达尔文又研究了细胞、胚胎、解剖等学问的最新成果，对古生物学更是密切关注。大量资料使他形成了"进化论"的思想。他认为，物种在"自然选择"的基础上，是不断变化的，由简单到复杂，从低级到高级，逐渐演化到目前的状况。人类也是这一变化的产物。各种生物在进化中，要经受环境的考验，适应环境才能生存下来。

1844年，达尔文把自己的进化论思想，写成了长达230页的提纲，进行了初步的论述。但他还不想发表。此后，他开始写作《物种起源》这本书。这是一桩十分艰苦的工作。为了对科学负责，他在写作中反复修改、大量引证，花费了极大的精力。

科学家的品格

到 1858 年夏天,达尔文的进化论巨著《物种起源》写完了十章,大约是全书的一半。

这时候,他收到了从东南亚寄来的一篇论文。论文的作者也是一位著名的英国生物学家,叫华莱士。华莱士在亚洲马来半岛一带进行生物研究,得出了与达尔文不谋而合的观点,他也产生了进化论的思想,并准备发表这篇论文。

在此以前,达尔文还没有公布自己的研究成果,只是在少数朋友之间谈过。他是要等写完《物种起源》后再发表。如果华莱士这时候发表论文,这项伟大的发现将归功于华莱士。怎么办?达尔文在这时表现出了一位科学家谦虚的品格和胸怀。为了避免发生纠纷,使华莱士误以为有人剽窃他的成果，达尔文决定停止写作，而优先发表华莱士的文章。这就是说，他准备把"进化论"的首创者让给华莱士。

他的朋友们听说了这件事，都不同意，说："达尔文在十几年前就形成了进化论的思想，并写出了提纲，功劳应归于达尔文。"

"对，应该把这件事告诉华莱士。"

在朋友们的劝说下，达尔文最后同意，把自己在1844年写的提纲与华莱士的论文一同发表，在有关学会宣读。

"这就作为我们两个人的共同成果吧！"达尔文说。

1858年7月，达尔文的提纲和华莱士的论文发表了。华莱士在得知详情后表示：达尔文比我的成就大，得出的结论比我早，这一发现应单独归于达尔文先生。

两位科学家在荣誉面前，都表现了谦虚和诚实，为众人所敬佩。在科学事业中，殊途同归的事是很多的。达尔文和华莱士都对科学的发展作出了宝贵贡献。

1859年11月，达尔文的巨著《物种起源》正式出版了。人们关注他的研究成果，第一版的1250册，在一天内就全部售出了。然后，紧接而来的，是一场围攻和辩论。

达尔文的进化论揭示了自然界的真相，提出物种是按自己的规律不断发展、变异、生存的。这就否定了传统的"神创论"。在此之前，上帝创造人类、创造万物的宗教观点，一直统治着人们的头脑。现在，达尔文竟推翻了这个说法，立刻引起轩然大波。

英国的教会说达尔文的"进化论"是对上帝的"叛逆"。那些坚持"神创论"的学者也连续发表文章，攻击达尔文的学说是"谬误"，连一些本来与达尔文关系很好的朋友，也宣布不与他来往。尤其使许多人不愿接受的是，达尔文认为"人是从猿一类的动物进化而来的"。他们认为这是"胡说"，是对人的"污辱"。

当时有的报刊上登载了许多嘲讽文章和漫画，讥讽达尔文发了疯，有一张漫画竟把达尔文画成了浑身长毛的猴子。有人说：《圣经》上说，亚当和夏娃是人类的祖先，达尔文竟敢否定《圣经》，把猿当成祖先，是胆大妄为。

但是，也有相当多的科学家和青年人支持达尔文。双方就展开了一场大辩论。在这场大辩论中，著名学者和人类学家赫胥黎起到了关键的作用。赫胥黎坚决支持达尔文的观点，与反对派进行了激烈的论争。他曾写信给达尔文说："至于你的理论，即使接受火刑我也要支持。"

1860年在牛津大学，英国科学促进协会召开会议，许多支持达尔文的学者和大学生都参加了。而牛津大主教威尔伯福斯也带着一些信徒赶来。达尔文因病没有出席。

会议开始后，威尔伯福斯就跳上讲台说：达尔文的进化论触犯了上帝，与《圣经》和神的意志不相容，应该打倒它，拯救人们的"心灵"。他嘲讽地对赫胥黎说："赫胥黎先生，如果说猿猴是人类的祖先，那么请问你，猴子是你祖父系的祖先,还是你祖母系的祖先呢？"

这话引起一阵哄笑。赫胥黎不慌不忙地走上讲台开始讲演。他用大量事实，说明达尔文进化论的正确，又针对主教的自以为得意的话回答说："一个人没有任何理由因为他的祖先是猿猴而感到羞耻。我认为应该感到羞耻的，倒是这样一种人——他经常信口开河，而且粗暴地干涉他根本不懂的科学题。"

赫胥黎的话引来一片掌声和欢呼声，主教则气得面红耳赤。此后，赫胥黎不断地宣传达尔文的进化论，为这一学说的普及立了大功。他在晚年发表的《演化论与伦理学》（即《天演论》）讲演，更对达尔文的学说有所发展。

达尔文在晚年，还发表了一些论文，对人的起源和"性"的选择等问题进行研究。他以科学的研究，最终使人们承认了他的思想。尽管他的进化论还有许多不完善和不确切的地方，可他的发现本身具有深刻的意义。恩格斯把达尔文的进化论和能量守恒转换定律、细胞学说并列为19世纪自然科学的三大发现。

达尔文为了科学事业奋斗了一生，正像他自己说的："我曾不断地追随科学，并把我的一生贡献给了科学。"他还说过:"一个懂得生命价值的人,绝不会把一小时的光阴白白浪费掉。"

到了晚年临终时,他表示:"我一点儿也不怕死。我难过的只是我没有力气把我的研究继续下去了。"

达尔文在1882年去世后,遗体被安葬在伦敦威斯敏斯特教堂墓地,与牛顿的墓在一起。这说明,他的伟大发现已被人们普遍承认了。他为人类科学事业作出了不可磨灭的贡献。

居里夫人

(1867—1934)

镭虽珍贵,品德更值千金

玛丽·居里,原名曼娅·斯可罗多夫斯卡,物理学家和化学家,生于波兰华沙。她与法国著名的物理学家比埃尔·居里结婚,夫妇俩共同研究化合物的放射现象,发现钋(pō)和镭(léi)两种天然放射性元素。居里夫人两次被授予诺贝尔奖,但因长期接触放射性物质,罹患再生障碍性贫血而去世。她品德高尚,意志坚强,把自己一生都献给了所挚爱的科学事业。

不忘民族恨

玛丽（居里夫人的名字）自幼丧母，兄妹五人靠父亲在中学教书挣的微薄工资生活，非常艰难。她的一个姐姐患了伤寒病，因为无钱医治，被夺去了生命。

玛丽小时候天资聪颖，记忆力特别强。她6岁上学，是班上年龄最小的，但成绩却是最好的。一首诗歌她至多读两遍，就能一字不漏地背诵出来。所以，遇到外人到课堂上听课，老师总是叫她背诵诗歌或者回答问题。

当时，波兰处于俄国的残暴统治之下。俄国人不仅大肆掠夺波兰的财富，还放肆地欺压波兰人，连小孩子也不放过。

有一天，一个俄国督学官，在校长的陪同

下，突然走进课堂。他刚坐下来，就命令道：

"叫一个小家伙站起来回答问题。"

老师点了坐在第三排的玛丽的名字。

"会用俄文背诵祈祷文吗？"俄国督学官阴阳怪气地问。

玛丽毫无表情地背了《我们的圣父》。

"从叶卡捷琳娜二世起，统治我们神圣俄罗斯的皇帝有哪几位？"俄国督学官接着问。

"叶卡捷琳娜二世、保罗一世、亚历山大一世、尼古拉一世、亚历山大二世……"

"把皇族的名字和尊号说给我听！"

玛丽板着脸孔，竭力压住内心的厌恶情绪，说出了一长串的名字。可是，俄国督学官仍然不满足，还要故意刁难她：

"沙皇在爵位品级中的尊号是什么？"

"陛下。"

"我的尊号呢?"俄国督学官得意地笑着,"谁统治着你们?"

这时,校长和教师的眼睛都禁不住射出了怒火。因为怕俄国督学官发觉,他们用手中的课本遮住了脸。由于玛丽没有立即回答,督学官发怒了。他用粗暴的语气,大声问:

"谁统治着你们?"

玛丽的脸色变得惨白,咬着牙说:

"俄罗斯的沙皇亚历山大二世陛下。"

考问完了,俄国督学官傲慢地背着手,扬长而去。这家伙一走,老师才抬起头来,难过地招呼玛丽:

"快过来,我可怜的孩子!"

玛丽一头扑到老师的怀里,放声痛哭起来。她恨俄国侵略者的傲慢,恨校长不该在俄国人面前低三下四。从这天起,玛丽和同学们放学回家，路过萨克斯广场中间的一座石碑时，就朝上面吐一口唾沫。如果偶然忘记了，不管已走了多远，也要返回去再补吐一次。因为这座石碑上刻着沙皇给波兰卖国贼的题词："纪念忠君的波兰人。"

在巴黎苦读

玛丽忍受着家庭生活的艰难和亡国的痛苦，以优秀的成绩，读完了小学和中学。

中学毕业后，她原打算上大学。可是，华沙的所有大学都不招收女学生。为了挣钱糊口，玛丽在乡村和城里一共当了6年的家庭教师，吃尽了苦头，饱尝了人间的辛酸。24岁那年，她用教书挣得的微薄薪水，加上姐姐在巴黎当医生寄来的一些钱，以及父亲的资助，终于实现了去巴黎大学理学院读书的心愿。

巴黎大学被称为"知识之宫"。这里有举世闻名的大学者，讲课深入浅出；还有一流的教学设施。

为了赶上全班的成绩，玛丽舍不得把宝贵的时间白白地耗在路上，她毅然离开了姐姐家，独自在学校附近租了一间小房子住下。"学习、学习，全力以赴地学习！"白天，她集中精力学习新课；晚上，去图书馆复习旧课。图书馆关门了，又到附近的一个圣母院，借着那里的路灯，读书到深夜，然后再回到屋子里，点着小油灯苦读到凌晨两三点钟。

即使这样，玛丽还是觉得时间不够用。她在给哥哥的一封信中写道：

"我只为一件事感到遗憾，那就是白天太短，而且过得太快。我常常看不见一天已经做了什么,只看见还有哪些事没有做。"

为了挤时间,她把个人的生活安排得简单得不能再简单。她经常一连几个星期什么菜也不吃,只啃面包就白开水。她从不进肉铺,也不进饭馆,因为去那些地方既花钱多,也费时间。有时,她竟靠小萝卜和樱桃充饥,好几次饿得晕倒了。

玛丽住的是七层楼上的一间小阁楼,又矮又窄,没有暖气,没有自来水,也没有电灯。夏天热得闷人,冬天冷得结冰。严寒的日子里,她顾不上生炉子,经常冻得手指僵硬,两肩发抖。睡觉时,她冷得牙齿咯咯响,不能入睡,只好爬起来,把床单和所有的衣服都盖在身上,然后再压上一把椅子。

"有志者事竟成。"玛丽以苦为乐,勤奋学习,终于在不长的时间内,取得了优良成绩。

到第四年毕业时，她获得了物理学硕士学位，第二年又获得了数学硕士学位。

也许弄错了

玛丽毕业后，本想回祖国波兰工作。但由于她结识了法国青年物理学家皮埃尔·居里，并且结了婚（1895年），便留在了法国。从这时候起，玛丽就成了居里夫人。

就在居里夫人写作博士论文的时候，贝克尔（法国巴黎索邦大学的物理学教授）首次发现了铀（yóu）及其化合物的放射现象。这引起了居里夫人的极大兴趣。在居里先生的建议下，她决定沿着贝克尔的路子，继续探索下去。

她研究的第一个问题是，除了铀以外，别的化学元素是否具有同样的放射性？她检查了已经知道的化学元素，发现钍（tǔ）和钍的化合物也具有放射性。

她研究的第二个问题是，各种不同的铀或钍的化合物的放射性，是不是强弱都一样？通过测量，她发现在铀或者钍的化合物中，所含的铀或者钍越多,这些化合物的放射性就越强。

居里夫人又进一步检验了各种含有铀和钍的矿物。出人意料的是：一些沥青铀矿的放射性，要比纯粹的氧化铀的放射性强四倍多。这一结果，使她简直不敢相信：

"不会吧，也许弄错了？"她把自己的想法告诉了居里先生。

"嗯？这倒挺有意思！再多测量几遍看看。"居里先生在提醒夫人时，自己也加入这项研究。

夫妇俩废寝忘食，昼夜不停地工作着。他

们用一二百公斤的沥青铀矿原料进行提炼。先把没有放射性的东西去掉，剩下的部分再提炼，这样一次又一次地炼下去，最后只剩下几十克的物质。经过测量，这点儿东西的放射性要比纯粹的铀强400倍。1898年4月，居里夫妇向法国科学院报告了他们的新发现：

"经过我们的详细研究，在沥青铀矿中，可能存在着一种比铀的放射性强大得多的新元素。"

"你们能把这种新元素拿出来，让我们看看，我们才能相信。"科学院这样回答。

居里先生在接到科学院的回信后，很平静地对夫人说：

"他们不相信没关系，只要我们自己相信就够了。来，请你先给这个元素起个名字吧！"

"我想把它命名为钋，用这个名字来纪念

我的祖国波兰。"夫人经过认真的思考后说。

这以后,他们再次对所剩下的一点儿物质进行浓缩和分离。经过三个月的连续奋战,又获得了极少的东西。这些极少的东西的放射性,比同样重量的铀要强大900多倍。同年圣诞节后的一天,居里夫妇亲自到科学院宣布:

"我们发现了第二个放射性更强的新元素。这就是镭(léi)!"

科学院仍然怀疑他们的发现。因为他们在这个时候还没有提炼出纯的钋和镭,不能像金子和银子一样拿出来让人看。所以,当居里夫妇要科学院给他们提供经费和实验室的时候,又一次被拒绝了。

"我不要抚恤金!"

要让人们看见钋和镭这两种新元素,还要做大量艰苦的工作。当时,居里不过是一名普通教授,居里夫人是个不拿工资的助手。他们上哪儿去找研究经费和实验室呢?

居里夫妇没有被困难吓倒。买不起沥青矿石,他们就用自己的钱,托人从工厂低价买来大量废弃的沥青矿渣。没有实验室,就找了一间荒废的木棚。棚子四面透风,雨天漏水,冬天结冰。棚内放两张旧桌子,一只旧火炉,一口大锅,一块黑板。其他什么也没有。

就在这间破棚子里,居里夫人像个男人一样,手握一根和她身高差不多的粗铁棍,整天搅拌着一锅沸腾的矿石残渣。残渣放出来的有毒气体，刺激着她的眼睛和喉咙，损害着她的健康。

为早日提炼出镭，居里夫妇顾不得吃饭睡觉，不分白天黑夜，拼命地工作着。经过整整4年的酷暑严冬，他们终于从几吨矿渣中，炼出了十分之一克的镭。

这天深夜，居里夫妇从家里出来向破棚走去。刚到门口，他们就看到，桌子上放的镭在黑暗中发出蓝色的光芒。

"成功啦！成功啦！"他俩不约而同地惊叫起来。

镭提炼成功后，居里夫妇一刻也不松懈，又对镭的质量、放射强度和用途进行研究。由此他们得知，镭的放射强度是铀的几百万倍。1克镭过了1700年后才减少一半，它放射出的总热量要比烧1吨煤放出的热量大40多万倍。

接着居里先生还不顾生命危险,用镭放出的射线照射自己的胳膊,结果发现,镭还可以用来治疗肿瘤,特别是癌。

在铁的事实面前,法国科学院不得不承认居里夫妇的重大发现,但是对他们要求建立制造金属镭的实验室,却仍然置之不理。

居里夫妇发现镭的消息,很快在国外引起了轰动。"英国科学知识普及学会",正式邀请他们去作关于镭的科学报告。"英国皇家学会"在这一年(1903年)授予他们最高奖章——戴维奖章。不久,瑞典科学院又授予他们诺贝尔物理学奖。居里夫人成了世界上第一位获诺贝尔奖奖金的著名的女科学家。而他们提炼出来的镭,也就成了无价之宝。

可是,居里夫妇却照样过着清贫的日子,进行着繁重的研究工作。正当他们继续探索镭的奥秘时,不幸发生了:1906年4月19日,居里先生在一次外出时,被马车轧过,当场身亡。

居里夫人这时才38岁。丈夫的死,使她处于极度的悲痛中。她不仅要抚养两个幼小的孩子,照顾居里先生的老父亲,承担起家庭生活的一切重担,还要把丈夫留下的科研工作全部承担起来。

在安葬了居里先生的第二天,法国政府提出,给居里夫人和孩子们一笔抚恤金。但是,居里夫人断然拒绝说:

"我不要抚恤金!我还年轻,能够挣出我和孩子们的生活费。如果你们真的想记住死者对科学的贡献,就建立一个实验室吧!这不仅是他生前所希望的,也是发展镭科学所必需的。"

"我要一克镭"

在居里先生逝世后的5年里,居里夫人以超人的毅力,不仅挑起了抚养孩子,赡养老人的家务重担,而且在教学、著书立说、科学研究方面,取得了辉煌的成就。1911年,她又被瑞典科学院授予诺贝尔化学奖,还担任了国际放射学会副主席、巴黎大学教授,法国医学科学院院士。

居里夫人两次获得诺贝尔奖奖金,这在她以前的科学家中,还不曾有过。她因此赢得了世界千百万人民的赞扬和尊敬。许多国家的政府、科学研究单位、学校、新闻机构,纷纷来信、来人,邀请她去访问、作学术报告或者讲学,请求她接受采访。

有一位名叫麦隆内夫人的美国记者，在采访居里夫人时发现，亲手提炼出镭的居里夫人，竟连一克镭也没有，忍不住问：

"现在许多国家都建起了制镭工厂，都在用你发明的技术提炼镭，并因此发了财。难道你没有申请专利吗？如果申请了专利，你早就变成拥有亿万元财产的富有女人了。"

居里夫人淡淡一笑，说：

"镭不应当使任何个人发财致富。镭是一种化学元素，它属于全人类共同的财富。贫困固然使人不太好受，但是富裕也没有必要，甚至是令人讨厌的。"

原来，居里夫人在丈夫死后，就将他们用多年的艰苦劳动取得的价值百万元的镭，赠送给了巴黎大学实验室。而他们夫妇获得的诺贝尔奖奖金，也有一半买了法国公债，另一半赠送给了波兰。

麦隆内夫人激动地问:

"假若让你在全世界的东西里面挑选,你愿意挑选什么呢?"

"为了继续进行科学研究,我需要一克镭。但是我买不起。对我来说,镭太昂贵了。"

这位记者对居里夫人不为名、不为利,一心为科学的高尚品德,非常敬佩。她决定想方设法满足居里夫人的愿望。麦隆内夫人回国以后,立即在全美国妇女中,发起了一场募捐运动。一年之后,她写信给居里夫人说:

"钱已凑齐,镭已买好,它是属于你的。不过,作为交换条件,请你答应来美国访问。美国人民,特别是美国妇女,为能见到你,而感到十分荣幸。"

居里夫人答应了麦隆内夫人的条件。她一

到美国，就受到了等待已久的成千上万男男女女、老老少少的夹道欢迎。

在捐赠镭的仪式上，美国总统亲手把赠送一克镭的证书交给了居里夫人。居里夫人接过证书，详细看了上面的内容后，严肃地对麦隆内夫人说：

"这个文件必须修改。美国赠给我的镭，必须归科学所用。只要我在世，无疑将用于科学研究。但是，如果按照现在的这个文件办，在我死后，这克镭就将成为我女儿们继承的财产。我决不能这样做。我想把它作为礼物转赠给我的镭实验室。你可以叫一位律师来吗？"

在居里夫人的一再坚持下，麦隆内夫人只好连夜找来律师，重新写了一个转赠镭的法律文件。居里夫人毫不犹豫地在上面签了字。

这一克镭，在居里夫人逝世以后，一直存

放在她创办的镭研究所里。

居里夫人虽然定居在法国,可她时刻没有忘记自己的祖国波兰。为了使波兰富强,她多次回国,为学生讲课,还选一些优秀生到自己的研究所。她还发起募捐活动,为波兰建了一个镭研究所。

"唉,我太累了!"

居里夫人到晚年的时候,法国每年发给她4万法郎的生活费。世界上几十个国家聘任她为大学教授、科学院院士,授予她各种荣誉勋章。按说,她可以好好地休息一下了。可是,年老体衰的居里夫人仍然过着十分俭朴的生活,进行着紧张的科学研究。

写书,指导青年人做试验;写论文,要解

决镭科学中的许多问题；要外出讲学，作学术报告；还要为镭研究所的经费经常和政府交涉。居里夫人常常工作到深夜，身体状况越来越差，病一天比一天加重。通过对血液进行化验，她最终确诊为恶性贫血症，是一种不治之症。这种病是由于镭射线长期在她身上积累，使她的骨髓受到了损坏。

居里夫人的病一天天恶化。在临终的时候，她的大女儿伊雷娜和女婿约里奥（约里奥夫妇在1935年也获得诺贝尔奖奖金）、小女儿艾芙，以及其他亲人守护在她的身旁。但是，她只是断断续续地说了下面的话：

"书的各章应该这样分段……我一直在挂念着那本书……这是镭的溶液,还是钍溶液？"

说完，居里夫人的心脏就停止了跳动，终年67岁。她的学生、同事和朋友们听到她逝世的消息，无不悲痛地说：

"居里夫人是'镭的母亲'，但是，她和她的丈夫一样，却变成了镭的牺牲品。"

德国伟大的科学家爱因斯坦曾经对居里夫人的一生评价说：

"在所有的著名人物中，居里夫人是唯一不为荣誉倾倒的人。"

她的一生是为科学进步与人类幸福而奋斗的一生。她永远活在世界各国人民的心里！